LE POUVOIR DE VOTRE MOI SUPÉRIEUR

LE POUVOIR DE VOTRE MOI SUPÉRIEUR

La source
de votre inspiration
et de votre transformation spirituelle

ELIZABETH CLARE PROPHET
Traduit de l'anglais par Daniel Fournier

Lumière d'El Morya

Traduction : Daniel Fournier
Révision et correction : Marie Lopion

Titre original :ACCESS THE POWER OF YOUR HIGHER SELF, de la série Pocket Guides to Practical Spirituality par Elizabeth Clare Prophet.

Les Éditions Lumière d'El Morya
4461, rue St-André, Montréal, Québec, H2J 2Z5
Tél.: 514-523-9926 / Télécopieur : 514-527-2744
Courriel : elmorya@videotron.ca

Distribution au Canada :
Diffusion Raffin : 450-585-9909
Courriel : diffusionraffin@qc.aira.com

Distribution en Belgique :
Vander, éditeur : 02 761 12 12
Courriel : info@vanderdiff.com

Distribution en Suisse :
Diffusion Transat : 41 22 342 77 40
Courriel : transat-diff@latkine.com

Distribution en France :
Librairie du Québec/D.N.M.
(01) 43 54 39 15
Courriel : liquebec@noos.fr

Dépôt légal : Bibliothèque nationale du Canada
Bibliothèque nationale du Québec
4e trimestre 2005

ISBN : 2-922136-15-9

Imprimé au Canada

UN ANGE VEILLE SUR MOI

La nuit précédant ma naissance, ma mère eut une vision. Une lumière éblouissante au pied de son lit la réveilla. C'était une colonne de feu blanc qui vibrait de façon intermittente. « C'est la Présence de Dieu », se dit-elle, et elle fut emplie de calme et de bien-être. Elle savait que cette présence l'accompagnerait et veillerait sur elle et l'enfant pendant l'accouchement et par la suite.

Cette Présence divine, parfois appelée le Moi supérieur, m'a réellement accompagnée pendant les grands et petits drames de ma vie d'enfant ainsi que dans certaines situations importantes de ma vie adulte. Elle a toujours été un guide sûr pour moi, une source intarissable d'amour, d'inspiration et d'énergie spirituelle.

Je ne sais jamais quand mon Moi supérieur va se manifester dans ma vie. Par exemple, par une belle journée de printemps à l'université de Boston, alors que je me dépêchais de sortir de la résidence d'étudiants, j'entendis une voix intérieure me dire : « Mets ton gros manteau d'hiver ». Je savais de quel manteau il s'agissait. C'était un manteau épais, doublé d'une imitation de laine d'alpaga. Je me suis dit : « C'est la chose la plus folle que j'ai jamais entendue, mais je vais le mettre ».

Mais mon Moi supérieur ne s'arrêta pas là. « Mets aussi tes gants doublés. » « C'est pas vrai », me suis-je dit, « je vais mettre le manteau, mais pas les gants. Il fait trop chaud ! »

J'ai donc enfilé le manteau et couru dans la rue, un peu en retard à mon cours. Puis j'ai traversé une rue en me faufilant entre les automobiles immobilisées au feu rouge quand tout à coup ... bang ! un cycliste qui pressé émergeant de la filée d'auto me frappe. J'atterris au sol les mains nues ; protégée par le manteau pendant la culbute, je ne suis pas blessée ; mais j'ai les mains en sang.

Mon Moi supérieur m'a épargnée des blessures graves, mais il ne pouvait m'épargner les conséquences de mon propre entêtement. J'ai appris ce jour-là à quel point il est essentiel que je garde toujours le contact avec mon Moi supérieur.

Il n'y a rien de nouveau dans le concept d'une présence personnalisée de Dieu en chacun de nous. Tout au long de l'histoire, des gens ont été témoins de la Présence divine. Ils l'ont décrite comme étant lumière, pouvoir et gloire. C'est l'étoile que les mages ont suivie pour trouver l'enfant Jésus. C'est la colonne de feu qui a guidé les enfants d'Israël dans le désert et la gloire de Dieu apparaissant à Moïse, aux prophètes et aux mystiques juifs.

C'est le « corps de vérité » que les bouddhistes appellent la « dimension ultime ». Le *Livre tibétains des morts* nous enseigne que le corps de vérité après la mort prend la forme d'un « grand faisceau de lumière ».[1]

Cet enseignement fait aussi partie de la spiritualité occidentale. Ma mère le connaissait bien pour avoir lu Guy W. Ballard dont les écrits sur le « JE SUIS » *(« I AM » Discourses)* figuraient d'ailleurs dans sa bibliothèque. M. Ballard décrit la Présence JE SUIS comme étant la source ultime de tout pouvoir, de toute connaissance et de tout amour. Ma mère avait aussi lu les ouvrages d'Helena Blavatsky, qui avait fondé la Société théosophique au dix-neuvième siècle. Mme Blavatsky évoque l'existence d'une « monade spirituelle et divine » comme étant la source de toute vie.[2]

Ralph Waldo Emerson mentionne l'âme globale *(Over-Soul)* comme le principe qui donne vie à notre corps. Il l'appelle la « lumière qui brille par nous sur toutes choses », la source de l'inspiration, de la vertu, de l'amour, « de tout bien et de toute sagesse ».[3]

Lorsque vous communiez avec la Présence, vous ne faites qu'un avec tout ce qui est vivant. Le mystique américain Howard Thurman écrivit qu'il se sentait parfois ne faire qu'un avec une « présence » lorsqu'il pêchait à bord d'une petite barque dans la rivière située à proximité de son domicile en Floride. « Parfois, il me semblait que la terre, la rivière, le ciel et moi ne formions qu'un élément d'une même pulsation ... À un moment donné, je sentais toujours, au-delà de la pulsation, une présence qui semblait me parler ... [mais] je n'entendais pas de voix et ne voyais rien de spécial. Je n'avais pas de vision, mais Dieu était présent. »[4]

Dans les chapitres qui suivent, vous allez apprendre plusieurs techniques qui vous aideront à atteindre un état de communion avec la Présence JE SUIS en vous. C'est là un état de connaissance, d'appartenance, de souvenir. Vous pouvez utiliser ces techniques, quelle que soit votre religion, passée ou présente. Quand vous serez en harmonie avec la Présence, vous attirerez à vous tout ce dont vous avez besoin : nourriture, vêtements, nouveaux amis et bonnes idées. Mieux encore, vous allez pouvoir vous unir à cette Présence au moment où vous le désirez et jouir de la joie, de la paix et de la puissance qui sont l'apanage des fils et filles de Dieu.

Elizabeth Clare Prophet

Note : tous les récits de ce livre sont véridiques. Certains noms ont toutefois été changés à la demande des personnes concernées.

LA REPRÉSENTATION DE VOTRE MOI DIVIN

QU'EST-CE QUE LE MOI SUPÉRIEUR ?

Sous l'enveloppe la plus élevée dorée et radieuse,
ceux qui connaissent l'âme reconnaissent Brahmâ
qui est sans lieu, sans patrie, qui est pur,
qui est la lumière des lumières.
Le soleil ne se manifeste pas ici, ni la lune
ni les étoiles ; les éclairs ne se manifestent pas ;
comment donc ce feu se manifesterait-il ?
Quand il se manifeste, tout est manifesté après lui ;
ce monde entier devient manifeste
par sa manifestation.

Mundaka Upanishad 2.2.9-10

Pensez à un soleil, à un astre spirituel. Il semble chauffé à blanc, pourtant il vous rafraîchit ; car vous en faites partie. Vous êtes un réservoir de lumière, d'énergie et de conscience dont le potentiel est énorme.

Ce soleil est la source spirituelle de toute vie. Il ne possède pas d'existence matérielle, et vous n'en êtes pas séparé par la distance. Il est pur esprit.

Ce soleil est lumière. Il est Dieu. Il est votre Père et votre Mère. On l'appelle le Soleil Central.

Vous vous réjouissiez jadis de faire partie de ce soleil. Vous vous délectiez de ce sentiment d'union avec toute la création. Mais vous vouliez aussi avoir l'occasion de manifester tout ce qui était latent en vous et développer votre créativité pour spiritualiser la matière. Vous avez alors connu d'autres dimensions et vous avez réalisé des créations parfois parfaites, parfois imparfaites. Il se peut que vous ayez dessiné des villes, réalisé des sculptures ou des jardins ; ou peut-être êtes-vous demeuré en parfaite béatitude avec la création divine.

À fréquenter le monde des formes, vous avez connu l'imperfection. À mesure que vous inter-agissiez avec les autres et que vous réagissiez vous aussi de façon négative, vous avez contribué à agrandir le cercle de l'imperfection et la boucle s'est refermée sur vous. Une ombre s'est glissée entre vous et le soleil et vous vous êtes trouvé empêtré dans une création imparfaite. Faire partie du soleil ne voulait plus rien dire pour vous. Retrouver le chemin de vos origines était devenu chose impossible.

Au royaume de l'ombre, votre nature ardente devenait plus tiède. Vous ne pouviez plus désormais retourner en arrière, ne supportant plus la chaleur intense du soleil dans lequel votre esprit avait trempé. Votre conscience s'est endormie, oubliant ses origines et mettant en veilleuse son potentiel de création divin.

Mais votre Père et votre Mère avaient tout prévu. Ils ne vous ont pas laissé seul. Ils vous ont donné une réplique de ce soleil, soit la Présence JE SUIS, afin que vous puissiez toujours vous rappeler d'où vous venez et que vous sachiez toujours comment y retourner. De plus, ils vous ont donné un médiateur pour faire le lien entre vous et la Présence JE SUIS et éveiller votre âme à son identité perdue. C'est le Moi christique qui joue ce rôle de médiateur entre Dieu et l'être humain. La présence JE SUIS et votre Moi christique forment ensemble ce que l'on nomme habituellement le Moi supérieur.

Qu'est-ce que la Présence JE SUIS ? Bien qu'on la présente souvent comme une réplique de Dieu, elle est beaucoup plus que cela. Nous pouvons maintenant reproduire un objet à des millions d'exemplaires, mais ils ne sont pas toujours conformes à l'original. Un avion miniature ressemble à un avion réel mais ne peut voler. La photo d'un bébé tirée d'un magazine ne gazouille pas. Mais la Présence JE SUIS est plus qu'une simple représen-

tation ou reproduction, car elle possède toutes les caracté-ristiques de l'original. C'est votre identité divine, votre Moi divin, et Dieu est toujours Dieu, chaque atome de Dieu contient le tout.

Ce livre vous en apprendra davantage sur la Présence JE SUIS, votre lien direct avec le Soleil Central, et vous enseignera comment retrouver par votre Moi christique l'état d'union avec Dieu qui est si près de vous mais qui vous semble parfois si loin. Vous apprendrez que vous êtes destiné à devenir votre Moi supérieur. Car votre Moi supérieur est en fait votre vrai Moi, tandis que le Moi auquel vous vous identifiez n'est qu'une minuscule portion de l'être magnifique que vous êtes.

Lorsque vous atteindrez cet état d'union, vous retrouverez cette capacité divine de créer et cette béatitude que vous connaissiez à l'origine avec Dieu. Vous deviendrez à l'image et à la ressemblance de Dieu, comme vous l'étiez à l'origine.

RETROUVER LE CONTACT CONSCIENT AVEC VOTRE MOI SUPÉRIEUR EST LA MEILLEURE CHOSE QUI PUISSE VOUS ARRIVER

Joey est infirmière dans un pénitencier à sécurité maximale. Elle exerce son métier d'infirmière depuis vingt ans en prison. La plupart des autres infirmières en milieu carcéral qu'elle connaît ont changé d'emploi à la suite d'épuisement professionnel. Mais elle persévère, prenant soin des gens auxquels « personne d'autre ne semble s'intéresser », comme elle le dit si bien.

Qu'est-ce qui l'aide à tenir bon ? Elle est convaincue que c'est la relation qu'elle entretient avec sa Présence JE SUIS et son Moi christique qui l'aident à continuer là où d'autres ont abandonné. Elle y puise du courage et une direction pour mener à bien sa vie quotidienne. « C'est la seule chose qui me permette de rester bien vivante, qui me garde en bonne santé et m'aide à poursuivre ce travail. Sinon, j'aurais laissé tomber depuis longtemps. » Sa Présence JE SUIS lui a même suggéré un jour d'entreprendre une sorte de révolution tranquille qui a eu comme effet de sauvegarder son emploi et celui de trois cent autres travailleurs de la santé en milieu carcéral.

Joey croit que cette Présence lui assure aussi la protection spirituelle dont elle a besoin pour travailler. Le moins que l'on puisse dire, c'est que son milieu de travail est éprouvant : on a enlevé des infirmières, des individus ont mis à prix la tête de certains membres du personnel qui les avaient froissés, et plusieurs détenus poursuivent la direction pénitentiaire pour obtenir de meilleurs traitements. Les infirmières doivent revêtir des vestes anti-balles avant d'entrer dans certaines sections de la prison et, lorsque Joey effectue ses visites, deux gardes l'escortent.

Elle demande chaque jour à sa Présence JE SUIS et à son Moi christique de lui fournir l'énergie-lumière et la protection nécessaires. Elle demande qu'on l'enveloppe d'un cylindre d'énergie-lumière. Joey est convaincue que cette énergie la soutient et l'aide à apporter un peu d'amour aux détenus sans se laisser démonter par les insultes, les grossièretés et les menaces qui pleuvent. Elle décrit l'énergie de sa Présence comme une bouée, ou un gilet de sauvetage, qui l'entoure et l'isole du danger alors qu'elle exécute ses tâches les plus difficiles.

Joey est responsable des tests de dépistage des maladies contagieuses chez les détenus, y compris les tests de dépistage du VIH et de la tuberculose. Elle croit que c'est la lumière de sa Présence qui lui permet de continuer ce travail, même dans les moments les plus douloureux, par exemple lorsqu'elle s'entretient avec une victime de viol ou qu'elle doit apprendre à un détenu qu'il est séro-positif.

Joey se sent comme une mère à l'égard de beaucoup de prisonniers, qu'elle appelle d'ailleurs « mes gars ». Les détenus sentent cet amour qu'elle leur porte et essaient de le lui rendre. Ils lui donnent parfois de petites croix tressées avec des fils de leurs chaussettes et ils avertissent les autres détenus de ne pas la menacer : « N'essaie même pas d'y toucher », disent-ils en guise d'avertissement.

La révolution tranquille

Le milieu de travail était déjà assez dur sans parler d'avoir à se battre pour conserver son emploi ! Pourtant, un beau jour, Joey et ses collègues apprirent que leurs postes allaient être supprimés. Selon un plan soumis au Conseil des commissaires et au Service correctionnel du comté, les membres du personnel des Services de santé de la prison étaient censés, six semaines plus tard, être mis à pied et remplacés par des travailleurs contractuels moins compétents et moins bien payés. Et cela avait tout l'air d'un fait accompli.

Joey savait qu'elle perdrait son emploi et que les nouveaux employés ne seraient pas en mesure d'assurer aux patients la qualité de soins dont ils avaient besoin. Elle s'imagina le cauchemar prévisible d'une montée de la violence, peut-être même des émeutes, et une augmentation des maladies contagieuses. Elle était déprimée, comme tout le personnel infirmier. Mais comment s'opposer aux dirigeants du comté ?

Elle fit appel à sa Présence : « Dis-moi ce que je dois faire. Je suis à l'écoute. » Sa Présence lui suggéra d'appeler son ancienne patronne, une infirmière en santé publique. À sa grande surprise, celle-ci avait accès à des études menées sur des projets semblables mis en œuvre dans d'autres prisons. « Je me suis rendu compte que nous possédions là l'analyse du prix de revient, la comptabilité et les dates, soit les données les plus précises qui existaient sur le sujet aux États-Unis. » Or, les données révélaient que la privatisation des services de santé en milieu carcéral n'aboutissait pas à des économies, mais plutôt à des coûts supplémentaires.

Joey photocopia ces renseignements, en fit un résumé qu'elle intégra à une lettre de protestation et se mit au travail. Elle appela sa démarche la « révolution tranquille ». Des centaines de personnes eurent tôt fait de signer la lettre, même les détenus les plus durs entamèrent leur propre campagne de protestation épistolaire contre les mesures annoncées.

À chaque étape, sa Présence lui disait quoi faire. « Chaque jour, je demandais simplement dans mes prières, ce que je devais faire. Et je recevais des réponses directes. J'ai été guidée à chaque étape. »

Le jour de l'audience devant le Conseil des commissaires, une centaine de membres du personnel de la santé se présentèrent avec Joey comme porte-parole. Elle n'avait qu'une minute pour s'exprimer et tenter de convaincre son auditoire.

« Je n'avais pas la moindre idée de ce que j'allais dire quand viendrait mon tour », se rappelle-t-elle. Mais sa Présence et son Moi christique prirent le contrôle de la situation. « Je n'ai fait que répéter les mots qui m'étaient dictés et ce fut parfait. »

Le conseil réexamina la question et convint d'explorer d'autres solutions. Les autres travailleurs de la santé étaient étonnés et euphoriques. « Tu as réussi, tu as sauvé nos emplois ! » s'exclama le chirurgien dentiste. Trois ans plus tard, les services de santé n'ont toujours pas été donnés en sous-traitance.

Joey continue à travailler auprès des prisonniers et à prier chaque jour sa Présence JE SUIS, qui l'aide à poursuivre sa voie et qui guide sa vie.

Les avantages sociaux

Joey a rapporté quelques-uns des privilèges de sa communion constante avec son Moi supérieur. Elle a été guidée pour savoir quels gestes poser et elle a reçu de l'amour et du soutien dans une situation difficile. Elle a eu aussi l'occasion de mettre à profit un talent qui sommeillait en elle, l'art de parler en public.

Tout le monde a des talents cachés. Ils constituent votre « trésor dans le ciel », symbolisé, sur l'illustration de votre vrai Moi (page couverture), par les anneaux de couleur qui entourent le personnage du haut. Ces anneaux, des cercles à l'intérieur d'autres cercles, représentent le corps causal, réservoir de l'énergie utilisée par vous à bon escient en cette vie et dans vos vies antérieures.

Pensez-y ! Toute l'énergie que vous avez utilisée de façon positive en actes d'amour, d'attention à autrui, toute l'énergie investie dans la croissance et l'étude est à votre disposition.

Ce corps causal est une demeure que vous avez créée pour votre Présence JE SUIS. Vous pouvez demander à votre Présence de libérer tous les talents que vous avez accumulés afin de pouvoir les utiliser et faire encore plus de bien.

Dès que vous entrerez en contact avec votre Présence, vous commencerez à vous sentir guider, sachant exactement quels gestes poser, en plus de jouir d'une plus grande aptitude à utiliser vos talents. Et vous jouirez de bienfaits encore plus grands en approfondissant votre union avec la Présence.

Au moment de l'ascension, Jésus est devenu un avec la Présence JE SUIS. Pour ne faire qu'un avec la Présence JE SUIS, il vous faut commencer par vous identifier au Moi christique qui est le Christ universel individualisé pour chacun d'entre nous. Le Moi christique vous éveille à votre identité d'enfant de Dieu et vous aide à vous rapprocher de la Présence JE SUIS.

La Bible décrit l'ascension de Jésus comme une montée au ciel, mais l'ascension est en réalité un processus spirituel d'accélération de la conscience. Nous aussi sommes destinés à nous unir à la Présence JE SUIS à mesure que nous avancerons vers notre transfiguration, notre résurrection et notre ascension spirituelles.

QUI EST LE CHRIST ?

Jésus leur dit : « Je suis venu vous
montrer tout ce que peut faire l'homme.
Ce que j'ai fait, tous peuvent le faire.
Et ce que je suis, tous le seront un jour. »

(Extrait d'un ancien manuscrit tibétain cité par l'anthropologue russe Nicholas Roerich dans son ouvrage intitulé *Himalaya* publié en 1926.)

Vous possédez un Moi christique, je possède un Moi christique, mais nous n'avons pas coutume d'appeler qui que ce soit le Christ, Jésus mis à part. La plupart des gens ne savent pas que le mot Christ dérive du mot grec *Christos* qui signifie « oint », sacré. Jésus fut appelé Christ parce qu'il ne faisait qu'un avec son Moi christique, aussi la lumière de Dieu, ou la Présence JE SUIS, descendit-elle sur lui. Chacun de nous peut aussi s'unir à son Moi christique.

Nous croyons généralement que seul Jésus peut être le Christ car la religion chrétienne nous enseigne que Jésus est le fils unique de Dieu. Ceci découle d'une mauvaise compréhension de l'*Évangile selon saint Jean*. Reportons-nous au premier chapitre qui décrit le Verbe de Dieu.

Le verset 14 se lit comme suit : « Et le Verbe s'est fait chair et il a habité parmi nous, et nous avons vu sa gloire, gloire qu'il tient de son Père comme Fils unique, plein de grâce et de vérité. »

Nous pouvons en déduire que Jésus est le Verbe, le Fils unique de Dieu. Mais les lecteurs qui connaissaient le concept grec du Verbe, du Logos, en auraient déduit autre chose. Tant les philosophes grecs que les mystiques juifs utilisaient le mot *Logos* pour désigner l'entité divine qui agit dans le monde et sert d'intermédiaire entre le Créateur et sa création. Le Verbe, en un certain sens, est le Fils de Dieu, parce qu'il est l'instrument du Créateur.

Quand on lit que le Verbe s'est fait chair et qu'il a vécu parmi nous, on en conclut tout naturellement que Jésus est le Verbe. Mais on ne réalise pas que lorsque saint Jean a affirmé que le Verbe s'était fait chair, il ne voulait pas nécessairement dire que Jésus était le seul fils de Dieu. Il voulait dire que le Verbe, le seul Fils de Dieu, s'était incarné dans la personne de Jésus.

L'auteur de l'*Évangile selon saint Jean* connaissait certainement l'idée véhiculée par les mystiques juifs selon laquelle des êtres humains exceptionnels pouvaient incarner le Logos, ou Fils de Dieu. De sorte que lorsque Jean écrit que Jésus est le Logos, il ne nous dénie pas le droit de nous unir aussi au Verbe. Il nous dit simplement que l'homme Jésus s'est uni au Verbe, le Fils unique.

Bien-aimés, dès maintenant,
nous sommes enfants de Dieu,
et ce que nous serons n'a pas
encore été manifesté.
Nous savons que lors
de cette manifestation
nous lui serons semblables,
parce que nous le verrons
tel qu'il est.

I Jean 3:2

Jésus était l'incarnation du Verbe, mais cela ne signifie pas qu'il en était l'unique incarnation. Le Fils unique est le Christ universel qui devient en chacun de nous le Moi christique. Quiconque communie avec le Moi christique peut aussi être appelé le Christ. Et le Christ est toujours quelqu'un qui baigne dans la lumière de la Présence JE SUIS ; comme le dit saint Jean, « Le Verbe était la lumière véritable, qui éclaire tout homme ; il venait dans le monde. »[5]

Parmi les premiers chrétiens, certains croyaient que c'est le destin de chacun de s'unir au Logos. Clément d'Alexandrie, un des Pères de l'Église du deuxième siècle après Jésus-Christ, affirmait que « chaque personne possède en elle l'image du Verbe (Logos). »[6]

Saint Paul nous rappelle que chaque chrétien est destiné à devenir fils de Dieu. Dans son *Épître aux Romains*, il affirme que Dieu prédestine les chrétiens « à reproduire l'image de son Fils (le Verbe), afin qu'il soit l'aîné d'une multitude de frères. »[7] En d'autres termes, nous avons été créés pour devenir le Verbe, le Logos ou Moi christique, comme l'a fait Jésus. Les textes suivants nous enseigneront comment y parvenir.

Jésus disait :
« Celui qui s'abreuvera à ma bouche
deviendra comme moi, et moi je serai lui,
et les choses cachées lui seront révélées.»

Évangile de Thomas, verset 108

L'histoire de Juan

Juan grandit au sein d'une famille catholique. Il vénérait Jésus et la Vierge Marie et, enfant, récitait le Notre-Père et le Je-vous-salue-Marie chaque soir avant de s'endormir. À l'âge de 8 ans, lorsqu'il fit sa première communion, il considérait Jésus comme son meilleur ami. Mais il se mit à en vouloir à Jésus, il en devint même jaloux.

Comment se fait-il que Dieu n'ait créé qu'un seul fils, se demandait-il ? Et pourquoi a-t-il choisi Jésus et personne d'autre ? « Chaque soir au moment de la prière, ces pensées me revenaient et j'en avais le cœur lourd », racontait Juan.

Il pria pour obtenir une réponse. Quelques jours plus tard, il se réveilla en paix. « J'étais convaincu que Jésus m'avait parlé directement au cœur », raconte-t-il. Jésus lui avait dit : « Je suis ton frère aîné. Je t'apprendrai à marcher dans mes traces. Tu es un fils de Dieu. »

Juan avait 11 ans. Cette croyance l'habita jusqu'à ce qu'il fasse connaissance avec les enseignements de The Summit Lighthouse *qui allaient dans le même sens. Son état de communion avec Jésus lui avait révélé une vérité universelle, à savoir que nous sommes tous destinés à donner la main à notre Moi christique et à suivre les traces de Jésus-Christ, notre frère aîné.*

FAITES CONNAISSANCE AVEC VOTRE SAINT MOI CHRISTIQUE, VOTRE MEILLEUR AMI, VOTRE ANGE GARDIEN ET VOTRE ENSEIGNANT LE PLUS CHER

Jésus a expliqué le mystère du Moi christique au moment de la Dernière Cène. Prenant un morceau de pain, qui symbolisait le Verbe, le Christ, il le rompit en disant : « Ceci est mon corps, qui est pour vous ... »[8]

Il voulait dire en réalité : « Ceci est le corps du Christ universel devenu le Moi christique en chacun d'entre vous. » Bien qu'il n'y ait qu'un seul Dieu et qu'un seul Christ universel, le corps du Christ peut être scindé, chaque partie possédant les attributs de l'entité intégrale.

Jésus demanda à ses disciples de manger le pain consacré. C'est dire qu'ils étaient censés assimiler le Christ universel pour s'unir à lui. Mark Prophet, fondateur de *The Summit Lighthouse,* a parfaitement

illustré ce phénomène dans une conférence prononcée en 1970 :

> « Je vois Dieu comme une grosse miche de
> pain ; et le Christ, le Christ universel,
> comme celui qui rompt le pain.
> Quant aux miettes, ce sont les monades
> individuelles, c'est-à-dire vous et moi.
> Nous sommes tous des miettes tombées
> de la table du Seigneur.
> Nous sommes tous des gouttes d'eau de
> l'océan. Nous possédons tous en nous-mêmes
> les attributs de l'océan, de réalité infinie,
> mais nous n'en avons pas le volume.
> Ce n'est qu'en nous réunissant avec
> l'océan, comme des gouttelettes de rosée
> qui se glissent dans la mer, ce n'est qu'en
> communiant avec Dieu et notre Moi réel
> que nous pourrons devenir ce que
> nous sommes censés être. C'est le sentiment
> de séparation d'avec Dieu qui nous
> empêche de connaître toute la plénitude
> de notre être. »

La première étape à franchir pour vous réunir à votre Présence JE SUIS consiste à tisser des liens avec votre Moi christique, votre tuteur intime, votre ange gardien et votre meilleur ami. C'est aussi la voix de la conscience qui parle en votre cœur, vous montrant où est le bien et où est le mal.

Emerson parle d'un « guide invisible » qui ressemble au Moi christique. Nous ne pouvons le voir, écrit-il, c'est comme s'il marchait derrière nous. Il le compare à un enfant qui en taquinerait un autre par derrière, en lui pinçant les oreilles, de sorte que l'autre ne puisse tourner la tête et l'apercevoir.[9]

Le Moi christique est celui qui vous aide à voir clair lorsque vos habitudes de vie, dans bien des cas forgées par les actes passés, vous voilent la réalité. C'est aussi lui qui vous aide à choisir la voie qui convient le mieux à votre âme.

« C'est lorsque vous commencerez à intégrer le Christ en vous et à le laisser rayonner à travers vous que vous commencerez vraiment à vivre. »
Mark L. Prophet

Votre Moi christique vous « couvre de son ombre » partout où vous êtes et partout où vous allez. Grâce à lui, vous acquérez la « conscience christique ». Lorsque cette conscience christique vous habite, vous n'éprouvez désormais ni doute ni crainte. Vous possédez une confiance inébranlable dans vos capacités d'accomplir ce que vous avez décidé de faire. Une voix intérieure vous guide et vous indique la voie à suivre.

Lorsque vous acceptez d'écouter la voix intérieure de votre Moi christique, vous pouvez peu à peu vous rapprocher de lui, et, par là même, vous unir davantage à votre Présence JE SUIS.

Emerson a écrit que si quelqu'un obéit au « guide invisible », celui-ci va « adopter » la personne, qui fusionnera alors avec son guide. Et quand quelqu'un est uni à ce guide invisible, il bénéficie d'une « sagesse plus grande et plus vaste » que d'ordinaire et mène une « vie céleste ».[10]

À mesure que vous vous rapprochez de votre Moi christique, de votre « guide invisible », vous allez réaliser que votre Moi christique est votre véritable moi. Et c'est ce dernier, cette parcelle de Dieu, qui va petit à petit prendre le dessus, et vous vous sentirez de moins en moins séparé de Dieu. Et, comme Jésus, vous connaîtrez un jour l'ascension lorsque vous vous unirez à votre Présence JE SUIS.

En effet, l'ascension se réalise lorsque vous ne faites plus qu'un avec votre Présence JE SUIS. On n'arrive généralement à l'ascension qu'au bout de plusieurs vies, mais, si vous en faites un objectif prioritaire, vous pourrez y parvenir dès la fin de votre vie actuelle. Pour vous préparer à l'ascension, vous devez apprendre à vous rapprocher de votre Présence JE SUIS.

COMMENT VOUS UNIR À VOTRE MOI SUPÉRIEUR

« Ce qui est en bas est comme ce qui est en haut ... » : ces quelques mots d'une plus longue maxime formulée au premier ou deuxième siècle après Jésus-Christ sont attribués à un maître grec qui répondait au nom d'Hermès Trismégiste. La maxime complète se lit comme suit : « Ce qui est en bas est comme ce qui est en haut, et ce qui est en haut est comme ce qui est en bas, pour accomplir les miracles d'une seule chose. »[11] Cette maxime constitue la clef de notre relation avec le Moi supérieur.

Elle signifie que tout ce qui est en haut dans le monde de l'esprit peut aussi s'incarner dans le monde matériel. Votre Présence JE SUIS, source de puissance et d'énergie spirituelle, réside dans le monde spirituel. Si vous voulez vous la représenter visuellement, imaginez la Présence JE SUIS à une hauteur variant de deux à vingt mètres au-dessus de vous, en fonction de votre état de conscience. Si vous pouvez affirmer que vous êtes ici-bas pleinement imprégné de cette Présence

JE SUIS qui réside au-dessus de vous, alors vous démontrez la véracité de cet axiome par votre vie.

La triple flamme et la corde de cristal qui vous relient à Dieu

Vous pouvez développer tous les attributs de Dieu ici-bas car vous détenez une parcelle de la divinité enfouie en votre coeur. C'est une étincelle divine, un fragment de Dieu qui vous permet d'attirer à vous toujours plus de cet élément divin. Cette étincelle, connue aussi sous le nom de triple flamme et sainte flamme christique, est votre passeport pour invoquer la Présence JE SUIS et pour créer à la manière de Dieu.

Siméon le nouveau théologien, un saint byzantin du onzième siècle, parlait d'une flamme au sein du cœur : « Aucun mot ne peut décrire ce phénomène… je vois une lumière que le monde ne possède pas. Assis dans ma cellule, je vois en moi le créateur du monde. »[12]

Le *Chandogya Upanishad*, un texte sacré hindou, nous enseigne que « cette lumière, qui brille au-delà de toutes les choses de la terre et au-delà de tous les êtres humains, c'est celle-là même qui brille dans nos coeurs. »[13]

Cette étincelle est nourrie par la lumière divine qui vient à nous sous la forme d'un faisceau d'énergie concentrée appelé « corde de cristal » (voir la Représentation de votre Moi divin, en page couverture) et que l'*Ecclésiaste* appelle « fil d'argent »[14]. C'est ce faisceau de lumière divine répandue en cascades qui vous donne les pleins pouvoirs pour penser, sentir, vivre et grandir spirituellement. En augmentant l'intensité du flux de lumière et, par conséquent, la taille de la corde, vous pouvez accroître votre puissance spirituelle ici-bas et vous rapprocher de votre Présence JE SUIS.

Puisse Dieu enflammer les cœurs de sa présence !
Ralph Waldo Emerson [15]

Comment augmenter l'intensité du flux de lumière

Il existe deux méthodes principales pour augmenter l'intensité du flux de lumière émis par votre Présence JE SUIS. La première consiste à méditer et à contempler la présence de Dieu et de la flamme dans votre cœur. Lorsque vous vous concentrez suffisamment sur la flamme en méditant ou en priant, vous attirez en vous la lumière de votre Présence JE SUIS. Ce faisant, vous augmentez la portion de ciel qui émane de votre cœur avec brillance. Vous réaffirmez que « ce qui est en bas est comme ce qui est en haut », et vous êtes gratifié d'une plus grande part de la divinité.

L'autre méthode pour augmenter le flux de lumière provenant de votre Présence JE SUIS consiste à réciter des décrets, forme de prière élaborée au début du vingtième siècle aux États-Unis.* La récitation de décrets est ce qui peut vous aider le plus à atteindre l'ascension en cette vie, car elle libère une énorme quantité d'énergie et de puissance spirituelles qu'elle met à votre disposition. Lorsque vous utilisez l'énergie ainsi libérée pour accomplir de bonnes œuvres, vous vous rapprochez de Dieu.

Les décrets utilisent le nom de Dieu « JE SUIS CELUI QUE JE SUIS ». Lorsque Dieu a parlé à Moïse au milieu du buisson ardent, il lui a révélé

* On doit à Emma Curtis Hopkins l'usage du « JE SUIS CELUI QUE JE SUIS » dans les prières. D'abord disciple de Mary Baker Eddy, fondatrice de la Science chrétienne, Mme Curtis fonda par la suite le mouvement *New Thought*. En 1887, elle commença à appeler « décrets » les affirmations positives précédées de la formule « JE SUIS », comme dans « JE SUIS le tout ». En 1931, Guy et Edna Ballard fondèrent le mouvement religieux « *I AM (JE SUIS)* » qui utilisait aussi les décrets. Depuis 1958, Mark et Elizabeth Prophet ont reçu plusieurs nouveaux décrets des Maîtres Ascensionnés.

que son nom est « JE SUIS CELUI QUE JE SUIS ». Voilà pourquoi nous appelons la présence *Présence JE SUIS*.

Quand vous dites « JE SUIS CELUI QUE JE SUIS », vous affirmez que Dieu est présent là où vous êtes. Vous dites en effet : « Comme Dieu est au ciel, il est aussi sur Terre avec moi. Là où je suis, Dieu est présent. Je suis ce « JE SUIS ». Chaque fois que vous invoquez son nom de cette façon, « ce qui est en bas est comme ce qui est en haut… » se réalise.

Les décrets utilisent souvent l'abréviation « JE SUIS » plutôt que « JE SUIS CELUI QUE JE SUIS ». Vous pouvez ainsi dire : « JE SUIS le tout », « JE SUIS libre », « JE SUIS amour ». Quand vous formulez ces affirmations en vous concentrant sur la Présence JE SUIS en vous, vous dites, en fait, « Je suis le tout, tout comme la Présence JE SUIS en moi est le tout » ou « Je suis amour, tout comme la Présence JE SUIS en moi est amour », et ainsi de suite.

Voici un décret simple que vous pouvez mémoriser et répéter : « JE SUIS un être immortel, libre en Dieu ! » Chaque fois que vous dites « JE SUIS » et que vous accompagnez cette expression d'un mot ou d'une expression comme « un être immortel, libre en Dieu », vous vous rapprochez de la Présence JE SUIS en vous.

Vous trouverez dans la prochaine section un ensemble de décrets qui vous aideront à cheminer vers l'union permanente avec la Présence JE SUIS, vers l'ascension.

L'itinéraire vers Dieu sur un sac en papier

Mark Prophet nous a laissé de nombreux décrets, fruits de révélations des Maîtres Ascensionnés, c'est-à-dire des saints et des sages orientaux et occidentaux qui ont atteint l'immortalité en s'unissant à la Présence JE SUIS.*

Les décrets *Coeur, Tête et Main* que vous trouverez dans les pages suivantes furent transmis à Mark par le Maître Ascensionné El Morya. Mark les reçut un jour qu'il accompagnait son fils en automobile alors que celui-ci allait distribuer les journaux à Washington. Mark trouva un sac en papier froissé et un bout de crayon et coucha sur papier la totalité

* Les Maîtres Ascensionnés sont des êtres spirituels éclairés qui ont jadis vécu sur terre et rempli leur mission ici-bas, puis qui ont fait leur ascension ou se sont réunis à Dieu. Un Maître Ascensionné n'est plus confiné à un corps physique. Il évolue dans un corps spirituel, ne faisant qu'un avec Dieu, tout puissant et omniscient, et nous guide et nous transmet ses enseignements à partir des royaumes de lumière.

des huit décrets pendant la tournée de journaux de son fils, écrivant d'une main et conduisant de l'autre. Il n'eut pas à chercher des rimes ou à reformuler les vers, car ils lui étaient dictés par sa Présence JE SUIS et par El Morya.

Ces décrets décrivent les étapes que nous devons tous vivre pour nous unir à Dieu. Lorsque vous les récitez chaque jour, ils soutiennent votre quête spirituelle et confirment votre objectif. Vous commencerez ainsi à vivre, à votre manière, les étapes que Jésus a vécues pendant qu'il retournait vers le Père. Chaque fois que vous récitez les décrets, vous avancez et vous vous rapprochez de votre union définitive avec la Présence JE SUIS et le Moi christique.

Lorsque j'ai commencé à utiliser les décrets au début des années soixante, ma vie a changé. Je me suis dit que c'était la chose la plus extraordinaire qui me fût jamais arrivée. Je réalisais, en effet, que, par le biais des décrets, qui permettent de canaliser la lumière de Dieu, je pouvais devenir « cocréatrice » avec Dieu. J'étais débordante d'entrain et d'ardeur, et ma vie s'en trouva renouvelée.

Vous aussi pouvez connaître ce renouveau en commençant à réciter ces décrets et en continuant jusqu'à votre propre ascension dans la lumière de Dieu.

Le reste de ce livre vous fera voyager de façon progressive dans les décrets *Coeur, Tête et Main*. Lisez chacun des décrets et l'explication qui en est donnée. Les décrets sont reproduits à la fin du livre, vous pouvez donc les intégrer facilement à vos méditations quotidiennes.

PRÉPARÉZ-VOUS À VOUS UNIR À VOTRE MOI SUPÉRIEUR EN VOUS TRANSFORMANT CORPS, ÂME ET ESPRIT, À L'AIDE DE LA FLAMME VIOLETTE

Flamme violette

COEUR

Feu violet, amour divin,
Flamboie au sein de mon coeur !
Toi compassion toujours vraie,
Garde-moi en harmonie.

TÊTE

JE SUIS lumière, Christ en moi,
Viens, libère mon esprit ;
Feu violet brille à jamais
Tout au fond de mon esprit.

Dieu qui me donne mon pain,
Feu violet remplis ma tête,
Pour que ton éclat céleste
Rende mon esprit lumière.

MAIN

JE SUIS la main de Dieu en action
Qui chaque jour gagne la victoire ;
Le bonheur suprême de l'âme
Est le chemin du milieu.

La récitation des premières sections des décrets *Coeur, Tête et Main* peut s'apparenter à un bain ou à une douche de lumière violette. Votre Présence peut émettre plusieurs fréquences d'énergie que l'esprit peut percevoir à la fois comme des faisceaux de lumière et des flammes scintillantes. Cependant, seule la flamme violette a la capacité de transmuer l'énergie négative. Elle transforme la haine en amour, la peur en courage, la colère en compassion. On l'appelle aussi flamme de l'Esprit saint, comme l'illustre la page couverture. (La colombe de l'Esprit saint descend du Dieu Père-Mère, de la Présence JE SUIS, comme un messager d'espoir, de réconfort et de joie.)

Pour communiquer avec votre Présence JE SUIS et votre Moi christique, vous devez d'abord être purifié par la flamme violette. Pourquoi cela ? Vous n'avez qu'à songer à tout ce que vous avez fait et à tout ce qui vous est arrivé depuis votre naissance.

Des détritus émotionnels et mentaux se sont accumulés en vous et autour de vous, de votre première crise de bébé à votre dernière querelle de couple, des commentaires désobligeants de vos parents ou de vos proches à certaines expériences violentes qui ont laissé leur marque dans votre psyché. De plus, votre corps physique est « encrassé » des résidus de tout ce que vous avez mangé, bu, fumé et inhalé, comme les pesticides et les produits chimiques utilisés dans l'alimentation ou les médicaments et le tabac. La première étape consiste à se débarrasser de cette énergie négative accumulée avant de pouvoir ensuite communiquer avec la Présence en vous.

Le décret « Feu violet » est divisé en trois parties : *Cœur, Tête* et *Main*. À mesure que vous le récitez, visualisez la lumière violette qui enveloppe ces parties de votre corps. Pour le coeur, visualisez la flamme violette en train de dissoudre la mémoire de la haine, de la colère et de l'angoisse. Vous pouvez visualiser, voir avec le regard de l'esprit, la flamme violette entourer votre cœur et vibrer avec lui.

Une fois à la *Tête*, visualisez votre esprit épuré de toute image de soi négative et restrictive ainsi que de l'ignorance et des blocages mentaux. Vous pouvez même voir les cellules de votre cerveau qui se font nettoyer des résidus de la pollution, des médicaments et autres drogues, des produits chimiques et de la nicotine. Car c'est l'un des effets de la flamme violette que de nettoyer et de guérir le corps physique.

Vos mains sont vos instruments pour agir dans le monde. Quand vous dirigez la flamme violette sur vos mains, voyez-la envelopper non seulement vos mains mais tout votre corps. Voyez-la en train de dissoudre le souvenir de tout ce que vous souhaiteriez n'avoir jamais fait.

Grâce au décret « Feu violet » récité chaque jour, vous commencerez à vous sentir plus libre, enfin libéré des fardeaux qui vous oppressaient. Votre pensée sera plus claire et vous saurez d'emblée comment agir. Vous pourrez aussi communiquer plus facilement avec votre Moi supérieur quand vous aurez besoin d'être guidé ou conseillé.

L'histoire de Christian

Christian est un artiste en arts visuels qui aime bien travailler avec la flamme violette cinq minutes par jour. Selon lui, la récitation des décrets améliore sa qualité de vie. Quand il les récite, il a l'impression de disposer de toute l'énergie dont il a besoin pour réaliser ce qu'il doit faire. Par contre, s'il les oublies, il se sent généralement un peu somnolent.

Sans la flamme violette, il « fait » sa journée de travail, sans plus. Mais quand il l'invoque, il ressent plus d'énergie pour réaliser ses objectifs et il se met alors à lire, à étudier ou à sortir et à rencontrer de nouveaux amis.

« Invoquer la flamme violette fait partie du rituel quotidien, au même titre que se brosser les dents et prendre des vitamines », déclare-t-il.

COMMENT ASSURER UNE BONNE COMMUNICATION AVEC VOTRE MOI SUPÉRIEUR

Puis je levai les yeux et j'eus une vision.
Voici : il y avait un homme,
et dans sa main, un cordeau pour mesurer.

Zacharie 2:5

TUBE DE LUMIÈRE

Bien-aimée Présence JE SUIS,
Scelle-moi du tube de lumière,
Flamme des Maîtres Ascensionnés
Invoquée au nom de Dieu.
Garde mon temple toujours libre
De toute discorde projetée.

JE SUIS, j'invoque le feu violet
Pour qu'il transmue tout désir.
Au nom de la liberté,
JE SUIS uni à la flamme violette.

Que vous soyez chauffeur de taxi, maîtresse de maison, avocat ou vendeur, vous savez qu'il faut garder son calme en situation de crise. Tout au long du jour, vous pouvez vous faire bombarder par les craintes, les opinions négatives et les demandes exagérées des gens qui vous entourent. Comment donc demeurer centré et en paix ?

Le tube de lumière est un mur impénétrable de lumière qui vous protège des énergies négatives et des dangers physiques. C'est le prolongement de votre Présence JE SUIS en réponse à votre appel. Imaginez-le qui vous entoure comme une immense bouteille de lait d'environ trois mètres de diamètre, comme un cylindre d'énergie rempli de lumière blanche et éclatante. Il part de votre Présence JE SUIS et descend jusqu'à environ un mètre sous vos pieds.

Ce cylindre de lumière blanche maintient l'énergie négative à l'extérieur et la flamme violette à l'intérieur, ce qui vous aide à rester en lien avec votre Présence JE SUIS et votre Moi christique. Il vous protège des énergies destructrices comme la haine, la colère et la jalousie, en plus de neutraliser l'influence que les gens tentent d'exercer sur vous en vous disant ce que vous devriez être, penser ou faire.

Si vous commencez la journée en invoquant la protection du tube de lumière, vous pouvez en bénéficier avant même que se manifeste tout danger ou énergie négative. Le tube de lumière ne peut être endommagé par l'énergie négative extérieure, mais il peut disparaître si votre attention à votre Présence JE SUIS se relâche ; ou il peut momentanément se déchirer si vous vous laissez envahir par l'irritation ou la colère.

Comme la plupart d'entre nous se laissent distraire et ne se concentrent pas en permanence pour assurer une bonne communication avec la Présence JE SUIS, il vaut mieux réciter le décret tous les matins pour reconstituer cette enceinte de lumière autour de vous. Vous pouvez aussi la renforcer en le récitant à différents intervalles pendant la journée. Chaque fois que vous récitez le décret *Tube de lumière,* il est préférable de le répéter trois fois.

Dans le décret, vous demandez au feu violet « de flamboyer et de transmuer tous les désirs ». *Transmuer* signifie ici changer en énergie divine. Nous voulons transmuer les désirs qui nous séparent de Dieu. Une fois que nous sommes reliés à Dieu par le biais de la Présence JE SUIS, ce qui convient le mieux à notre âme nous est accordé automatiquement.

C'est une bonne idée d'avoir sous les yeux la Représentation de votre Moi divin lorsque vous récitez le décret : cela vous aide à visualiser le tube de lumière autour de vous. Mais vous pouvez aussi réciter le décret même si ce n'est pas le cas, lorsque vous êtes en voiture ou que vous vaquez à vos tâches quotidiennes, par exemple, pour autant que vous gardiez en tête l'image du tube de lumière.

L'histoire de Kobina

Chaque jour, Kobina méditait chez lui devant son autel et invoquait la protection du tube de lumière. Les yeux sur la Représentation de votre Moi divin, *il visualisait le tube de lumière qui l'enveloppait à partir de sa Présence JE SUIS. Il sentait la protection spirituelle que cela lui procurait. Mais il en vécut aussi l'expérience directe et physique.*

Kobina était un ministre important du cabinet de Kwame Nkrumah, président du Ghana en Afrique de l'Ouest. En 1966, un groupe d'officiers militaires firent un coup d'état sanglant. Des soldats envahirent les environs de la résidence fortifiée du président et commencèrent à faire feu sur les habitations.

Kobina s'inquiéta surtout pour sa famille qui habitait près de Nkrumah. Il rentra chez lui, entassa tout le monde dans la voiture et les emmena loin de là. Les soldats s'en aperçurent et tirèrent sur la voiture, mais aucun des occupants ne fut touché. De fait, se rappelle Kobina, « aucune balle ne toucha même le véhicule ». Au moins vingt personnes furent tuées et plus de quarante autres furent blessées à l'intérieur et à l'extérieur de la résidence du président ce jour-là, tandis que Kobina et sa famille réussirent à s'échapper. Simple hasard ?

Par la suite, Kobina eut des preuves supplémentaires de la protection du tube de lumière. Après avoir conduit les membres de sa famille en lieu sûr, il retourna chez lui pour aller chercher ses affaires. Les soldats qui avaient arrêté et tué des partisans du président Nkrumah l'arrêtèrent et menacèrent de le tuer. Ils ne le firent pas, mais le conduisirent plutôt dans un bâtiment où étaient détenus d'autres politiciens. Par la suite, il fut gracié par le nouveau gouvernement.

Lorsqu'il fut autorisé à retourner chez lui, escorté par des soldats, il découvrit que tout le contenu de la maison avait été pillé, y compris les ampoules. Une seule chose subsistait : la Représentation de votre Moi divin. Les soldats lui avaient raconté que les pillards avaient bien tenté de s'en emparer, mais, « à chaque tentative, ils recevaient une décharge électrique comme si c'était du feu ; ils avaient donc décidé de le laisser ». Cette histoire se répandit et fit grand bruit au Ghana, amenant beaucoup de gens au pays à considérer la Présence JE SUIS avec grand respect.

L'expérience de Kobina donne une nouvelle signification à ce verset du Psaume 91 : « Qui habite le secret d'Elyôn passe la nuit à l'ombre de Shaddaï. » Elle nous rappelle que si nous éclairons notre conscience de la lumière de notre Présence JE SUIS, nous vivrons sous la protection de Dieu. Nous pourrons alors dire avec le Seigneur : « Tu ne craindras ni les terreurs de la nuit, ni la flèche qui vole de jour. »[16]

LIBÉREZ-VOUS EN VOUS PARDONNANT ET EN PARDONNANT AUX AUTRES

PARDON

JE SUIS le pardon en action
Rejetant la peur, le doute,
Rendant libres tous les hommes
Avec les ailes de la victoire.

JE SUIS, j'appelle avec puissance
Le pardon à chaque instant ;
Sur toute vie et en tout lieu
Je répands grâce et pardon.

Le pardon est la prochaine étape à parcourir pour vous rapprocher de votre Présence JE SUIS. Quand vous pardonnez, vous vous réunifiez avec votre Moi christique. Vous vous libérez aussi de concepts qui vous limitaient et de liens malsains tissés avec les autres. Le tort que vous avez causé à quelqu'un et le ressentiment que vous entretenez pour les torts que l'on vous a causés vous tiennent éloigné de Dieu.

En refusant de pardonner, c'est à vous que vous faites le plus de tort. Comme le dit le Dr Scott Peck : « Au fond, le pardon est égoïste... C'est pour son propre bien que l'on doit pardonner. Pour son propre équilibre. Mais si nous continuons à nous accrocher à notre colère, à notre ressentiment, nous cessons d'évoluer et notre âme se racornit. »[17]

Quand vous pardonnez aux autres, vous vous libérez en même temps que vous les libérez. Suivons le récit de Teresa, qui a travaillé avec les décrets de pardon, et voyons les changements spectaculaires qui en ont découlé dans sa vie et dans celle de ceux à qui elle a pardonné. Teresa décida un jour de réciter quotidiennement des décrets de pardon ; elle ne tarda pas à recevoir des appels téléphoniques de certaines personnes qui s'excusaient d'avoir posé tel ou tel geste vingt ans auparavant. Sa sœur l'appela pour lui dire qu'elle avait enfin réussi à lui pardonner une ancienne injustice. Il y eut même des retombées plus immédiates, sur son ex-mari et ses enfants.

Teresa était divorcée depuis sept ans, mais elle en éprouvait encore quelque amertume et du ressentiment, et elle savait que cela l'affectait, ainsi que son ex-mari et leurs enfants. « J'ai travaillé à pardonner un peu plus chaque jour en laissant aller les ressentiments et la douleur », raconte-t-elle. Les résultats ne se firent pas attendre. « Plus je récitais de décrets en invoquant la flamme violette et le pardon, plus la joie envahissait ma vie. »

Les décrets prononcés par Teresa parurent toucher également son ex-mari. Il demanda pardon à ses enfants pour son manque de présence auprès d'eux quand ils étaient jeunes. Il leur avoua aussi qu'il avait dit des choses mensongères sur leur mère et qu'il regrettait le mal qu'il avait pu leur causer. « C'est vraiment un miracle sans précédent », affirme-t-elle.

Le pardon d'une seule personne contribua donc à guérir tous les membres d'une famille en plus d'augmenter son propre bonheur. Car vous êtes incontestablement le plus grand bénéficiaire du pardon que vous accordez. Et quand vous pardonnez, n'oubliez pas non plus de vous pardonner ; c'est parfois la tâche la plus difficile.

Apprendre à pardonner

Nous avons tous en tête des situations que nous ne sommes pas prêts d'oublier : une remarque cruelle, une raclée, peut-être une déception, quelqu'un qui n'était pas là quand nous en avons eu besoin. Le décret du pardon peut vous aider à pardonner et à lâcher prise.

Avant de le réciter, dites une simple prière, par exemple : « Je pardonne à tous ceux qui ont pu me faire du tort et je demande pardon à tous ceux à qui j'ai pu faire du tort. » Puis récitez le décret. Pensez à un incident que vous n'avez jamais cru pouvoir pardonner. Laissez la colère remonter en vous.

Imaginez maintenant une flamme d'amour rose foncé qui enveloppe le sentiment de colère. Voyez-la se mêler à la flamme violette qui vous entoure déjà. Visualisez ensuite la flamme violette en train de transmuer la colère. Puis voyez la flamme du pardon, rose foncé, violet et pourpre, qui gagne votre cœur et y tourbillonne. Voyez-la se transformer en sphères de lumière qui jaillissent de votre cœur. Observez comme il leur pousse des ailes, ou des filaments d'énergie qui, de votre cœur, iront rejoindre le cœur de ceux à qui vous voulez pardonner.

Chaque fois que vous récitez le décret, répétez la même visualisation. Voyez les sphères qui s'éloignent de plus en plus de vous vers tous ceux à qui vous pouvez songer.

Si c'est à vous que vous avez besoin de pardonner, visualisez la sphère d'énergie violette qui explose en un feu d'artifice, effaçant le souvenir de tout ce que vous souhaiteriez n'avoir jamais fait. Puis voyez cette énergie dissoudre toutes les pensées et tous les sentiments rattachés à ces gestes. Déposez tous vos reproches, votre honte et votre culpabilité dans le feu violet.

Il est bon de réciter le décret du pardon au moins une fois par jour. Vous vous apercevrez que la charge émotive liée au souvenir d'événements négatifs diminuera d'intensité à mesure que l'énergie emmagasinée en eux sera libérée. Une fois transmués, les événements négatifs les plus récents commenceront à s'effacer de votre mémoire. Quant aux événements plus lointains, ils remonteront peu à peu à la surface pour y être neutralisés à leur tour à la suite du travail de transmutation, et vous serez alors libre d'aller de l'avant.

COMMENT OBTENIR DE L'UNIVERS CE DONT VOUS AVEZ BESOIN

ABONDANCE

JE SUIS libre de toute peur,
Chassant besoin et misère
Sachant que toute abondance
Vient toujours du plan céleste.

JE SUIS la grande fortune de Dieu
Versant trésors et lumière,
Recevant toute abondance
Pour combler tous les besoins.

Vous méditez sur la Présence JE SUIS. Vous vous êtes purifié avec la flamme violette. Le tube de lumière vous protège comme une armure. Vous vous êtes libéré en pardonnant.

Vous dirigez maintenant votre attention sur la flamme présente en votre cœur, cadeau de votre Présence JE SUIS. Vous avez l'impression d'être aspiré dans la lumière. Elle vous semble de plus en plus brillante, presque aveuglante, et vous avez l'impression de n'être plus qu'un point de lumière. Tout à coup, vous traversez ce point et vous vous retrouvez de l'autre côté. Vous respirez profondément. Vous flottez maintenant dans un océan de lumière.

Vous apercevez alors une femme merveilleuse, assise sur un immense nénuphar, qui vogue sereinement dans votre direction. C'est Laksmi, déesse hindoue de la richesse et personnification du Dieu Père-Mère. Elle porte des colliers et des bracelets d'or et elle tient une fleur de lotus à la main.

La fleur représente la possession la plus précieuse : le pouvoir spirituel et la perfection obtenue par l'accomplissement de l'être, soit l'unification au Moi supérieur. La fleur de lotus que tient Laksmi recèle la clef de l'étape suivante de votre quête spirituelle.

Dans la tradition hindoue, Laksmi, dispensatrice de la richesse matérielle, apporte aussi des bienfaits spirituels comme l'intelligence, l'illumination et l'éveil de l'âme à Dieu, qui veut que votre âme jouisse de la richesse dont elle a besoin.

Cette section de la série des décrets *Cœur, Tête et Main* porte le nom de *Abondance*. Car Dieu pourvoira à vos besoins, une fois que vous aurez fait disparaître les obstacles qui vous tiennent éloigné de votre Présence JE SUIS et de votre Moi christique. Ce sont peut-être bien ces obstacles qui vous empêchent de recevoir la richesse et le talent dont vous avez besoin pour accomplir votre destinée.

L'une des étapes les plus importantes à franchir pour faire disparaître les obstacles qui vous bloquent l'accès à la richesse consiste à dissoudre l'énergie retenue dans la peur et le manque de confiance en vous. Peut-être même ignorez-vous cette peur qui, pourtant, remonte à la surface pendant que vous récitez le décret. Si c'est le cas, vous devriez la visualiser en train de se faire dissoudre par la flamme violette.

À mesure que la peur et le doute se dissiperont, vous libérerez en vous des réserves d'énergie qui se transformeront en richesse et talents. Après avoir visualisé la flamme violette qui fait disparaître ces obstacles, vous pouvez vous visualiser en train de recevoir les talents et tout ce dont vous avez besoin.

Voyez cette abondance se déployer à partir de votre Présence comme des rayons d'énergie blanche parsemés d'or et de vert. Puis, quand ces rayons parviennent à votre cœur, voyez-les exploser en une flamme couleur émeraude. Vous pouvez même voir la flamme présente en votre cœur s'embraser de cette couleur verte entourée de violet. Le vert émeraude représente l'abondance, non seulement la prospérité matérielle, mais l'éclosion d'une nouvelle vie, la créativité, l'inspiration et les nouvelles idées.

Lorsque vous récitez les décrets *Cœur, Tête et Main* chaque jour, en les répétant trois, neuf ou même trente-six fois par séance, vous constaterez que vous obtenez ce dont vous avez besoin grâce à votre Présence JE SUIS. Puis un jour, vous verrez la déesse Laksmi voguer vers vous sur une mer calme, une fleur de lotus à la main.

L'histoire de Raphaël

Après avoir passé dix-huit ans à titre de commis de saisie des données pour le service des pages jaunes de la Société Pacific Bell, Raphaël sentit le besoin d'un changement de carrière. Mais il était surqualifié pour les emplois auxquels il postulait et sa candidature était donc partout rejetée. Finalement, il décida de faire des études en informatique tout en travaillant à titre de soignant auprès de personnes âgées.

Il commença par prendre soin d'une dame âgée en échange d'un modeste salaire et de l'hébergement. C'était loin d'être une situation idéale : le salaire couvrait à peine ses besoins et la personne avait mauvais caractère. De plus, il lui arrivait souvent de se lever la nuit et de tomber sans être capable de se relever. Patiemment, Raphaël la ramenait dans son lit.

Il ne songea pas à réclamer une compensation monétaire pour les heures de sommeil perdues. Mais il commença à réciter la partie « Abondance » *des décrets* Cœur, Tête et Main, *ainsi que d'autres décrets ayant le même objectif. Six semaines après, sa situation financière s'améliora de façon remarquable. La fille de la dame dont il prenait soin décida de lui donner une augmentation. Elle commença par lui payer ses heures supplémentaires lorsqu'il devait se lever la nuit et déboursa aussi des arriérés, à un taux majoré de 50%. La rémunération du travail effectué pendant les week-ends fut majorée de 100% et on lui offrait aussi un supplément pour le travail effectué à des heures tardives. Et ce n'était qu'un début ! Le fils de la dame en question lui remit en effet une prime de deux cents dollars.*

Raphaël continua de prodiguer fidèlement ses soins pendant trois autres mois, jusqu'à la mort de la vieille dame. Plus tard, il raconta : « Les enfants de la vieille dame étaient tellement reconnaissants de ce que j'avais fait pour leur mère, au-delà du simple devoir, qu'ils voulurent me récompenser. » Ils lui donnèrent la Cadillac de leur mère – il conduisait alors une vieille « coccinelle » Volkswagen.

Raphaël a rapidement trouvé un nouvel emploi mieux rémunéré qui lui a permis de prendre congé les week-ends. Il est reconnaissant des bienfaits spirituels et matériels que lui ont apporté les décrets. Il ajoute que les enseignements sur le Moi supérieur l'ont « enrichi beaucoup plus qu'il ne pouvait l'imaginer, même lorsqu'il était sans le sou. »

VOTRE MOI SUPÉRIEUR VOUS AIDERA À DÉTERMINER CE QUE VOUS VOULEZ FAIRE DE VOTRE VIE

PERFECTION

JE SUIS la vie régie par Dieu,
Brille en moi ta vérité.
Concentre la perfection de Dieu,
De toute discorde, libère-moi.

Maintiens-moi à jamais ancré
Dans la justice de ton plan –
JE SUIS la Présence de perfection
Vivant la vie de Dieu en l'homme !

Karen, qui entretient une bonne relation avec sa Présence JE SUIS depuis vingt-trois ans, est convaincue que la Présence l'a toujours aidée à prendre ses décisions, les petites comme les grandes. Elle apprend aujourd'hui à ses enfants à invoquer la Présence JE SUIS quand ils ont perdu ou oublié quelque chose, que ce soit leur tasse à mesurer préférée ou un numéro de téléphone.

« Il m'arrive d'oublier des rendez-vous ou des engagements et de perdre une heure à chercher quelque chose, ce qui me frustre beaucoup, mais lorsque l'idée me vient d'appeler au secours, tout est différent », affirme-t-elle.

« Je vais dire, par exemple : Toute-puissante Présence JE SUIS, au nom du Christ, aidez-moi à trouver mon certificat de naissance. Apportez-le moi immédiatement ! Et voilà ! Une image de mon certificat de naissance apparaît dans mon esprit et je vois où je l'ai laissé. »

C'est là un exemple parmi tant d'autres qui vous montre comment le fait d'être en relation étroite avec votre Présence JE SUIS et votre Moi christique peut vous aider dans vos petits défis quotidiens.

Grâce au décret *Perfection,* Dieu vous guidera chaque fois que vous en aurez besoin. Son nom, *Perfection,* vient de ce qu'il appelle les schèmes parfaits de votre Présence JE SUIS et de votre Moi christique à se manifester dans votre vie. Vous ne deviendrez peut-être pas parfait en récitant ce décret, mais vos pensées, vos sentiments, vos paroles et vos actions seront de plus en plus inspirés par Dieu et le Christ. Lorsque votre vie est modelée par la perfection de Dieu et que vous êtes étroitement relié à votre Présence JE SUIS et à votre Moi christique, vous constaterez que vous faites bon accueil même aux situations les plus difficiles, sachant que la vie est comme un examen et que chaque bonne réponse vous rapproche de la source.

Vous serez guidé vers les gens que vous avez besoin de rencontrer et vous attirerez à vous les situations qui vous permettront d'apprendre tout ce que vous avez besoin de savoir pour réaliser votre mission de vie.

En récitant le décret, imaginez-vous au milieu d'une sphère d'énergie d'un bleu brillant, manifestation de la perfection de Dieu qui vous aidera à voir le plan parfait de Dieu et à y adhérer.

L'histoire de Suzanne

Suzanne avait l'impression de nager en plein brouillard. Elle était venue à Oaxaca, dans le sud du Mexique, à la recherche d'un guérisseur. Mais il n'était pas là et personne ne savait où le trouver. Ses amis appartenaient pour la plupart au monde de la drogue, mais Suzanne avait commencé à sentir qu'elle attendait autre chose de la vie. « C'est comme si je ne voulais pas continuer à faire ce que je faisais. »

Elle pensa alors à de vagues connaissances qui s'étaient arrêtées chez elle en Ohio avant son départ pour le Mexique. Ces personnes lui avaient remis les décrets Cœur, Tête et Main. *Elles parlaient des décrets avec enthousiasme et insistaient pour qu'elle récite avec elles les décrets à haute voix. Suzanne avait l'habitude de prier en silence ou à voix basse, et l'idée de prier à voix haute l'intriguait.*

Ses amis se mirent à réciter avec enthousiasme, et elle finit par se joindre à eux, non sans réticence, de manière presque inaudible. Eux sentirent une grande énergie spirituelle les habiter et s'exclamèrent : « La sens-tu, toi aussi ? »

Elle ne ressentait rien de spécial mais trouvait les décrets intéressants. Elle ne comprenait pas bien ce qu'était

---

la Présence JE SUIS, mais elle voyait dans les décrets un moyen de faire converger dans sa vie différentes facettes de Dieu. Elle recopia les décrets, glissa la papier dans son portefeuille et l'oublia complètement. Quelques mois plus tard, elle alla au Mexique.

Maintenant qu'elle se trouvait dans une situation difficile, elle se rappela les décrets : « Peut-être que cette histoire de décrets est valable, finalement, se dit-elle. Je vais l'essayer pour voir si ça fonctionne. »

Elle n'avait pas l'habitude de prier régulièrement et encore moins de demander à Dieu les choses dont elle avait besoin. Or, ce dont elle avait maintenant besoin, c'était d'être guidée. Que voulait-elle réellement faire de sa vie ?

Elle sortit la feuille de décrets, se dirigea vers un boisé et s'assit sous un pin. Là, elle récita les décrets à voix haute comme ses amis l'avaient fait devant elle. Cette fois, elle « sentit » quelque chose : une flamme vive dans son cœur, comme la flamme illustrée dans la Représentation de votre Moi divin que ses amis lui avaient montrée ; et elle se sentit guidée.

Elle se releva immédiatement, tout était clair autour d'elle. Elle se dit : « Mince ! Ça marche pour de vrai ! »

Elle comprit qu'elle devait quitter le Mexique et retourner aux États-Unis. Une fois là, on lui dirait quoi faire par la suite.

« Je suis la vie que Dieu guide, répétait-elle. Je sais où aller maintenant.» « Le brouillard dans lequel je baignais disparut complètement », se rappela-t-elle plus tard.

Elle fit de l'auto-stop pour se rendre à la plage. Elle y rencontra un vieil homme qui lui raconta qu'elle était entourée de tant de lumière qu'il avait cru voir l'archange Gabriel en personne. Peu après, elle prit le train pour les États-Unis, avec le sentiment d'être toujours guidée.

« C'est comme si ma Présence JE SUIS ne se manifestait pas tant que je ne bougeais pas. J'étais laissée à moi-même, libre d'errer et de me fourvoyer dans toutes sortes de situations problématiques jusqu'à ce que je sois prête à dire : « Ok, j'ai besoin de Dieu » et que je sois prête à faire appel à lui et à réciter le décret. »

Elle ajoute que la Présence n'a pas cessé de la guider depuis. Elle n'a pas eu toutes les réponses, mais elle a toujours su quelle était la prochaine étape au moment où elle en avait besoin. « Je me suis sentie totalement protégée ; je pouvais donner la main à Dieu et lui dire : « Très bien, j'irai où tu voudras. »

PRÉPAREZ-VOUS À DEVENIR À L'IMAGE DE DIEU

TRANSFIGURATION

JE SUIS, je change de vêtements
Les anciens pour les nouveaux ;
À la lumière de la conscience
Je rayonne sur le sentier.

JE SUIS lumière intérieure
JE SUIS lumière qui m'entoure
Viens, libère et glorifie-moi
Scelle-moi, guéris, purifie-moi!
Jusqu'à ce qu'on me dise transfiguré :
JE SUIS radieux comme le Fils,
Je rayonne comme le soleil !

En récitant ce décret, vous vous imaginez en train de changer de vêtements, de vous dépouiller de vos vieux oripeaux sales et usés pour revêtir un magnifique vêtement d'un blanc éclatant.

Les écrits spirituels ont souvent parlé du changement de vêtements comme symbole d'une transformation. Lors de la transfiguration, les vêtements de Jésus étaient si brillants que ses disciples pouvaient à peine le contempler. De son côté, Saint Paul émet le désir que sa « tente » ou « demeure terrestre » soit « revêtue » d'une « habitation céleste »[18], tandis qu'un vieux texte mystique juif décrit une vision du patriarche Énoch où on le voit se dépouiller de ses « habits terrestres » pour être revêtu de « vêtements de gloire ».[19]

Dans les écrits mystiques, lorsqu'une personne parle d'un changement de vêtements, elle entend souvent par là qu'elle a fait l'expérience directe de Dieu ou qu'elle est devenue une créature céleste. Dans la vision d'Énoch, celui-ci regarde l'être qu'il est devenu après avoir changé de vêtements et se compte parmi les « êtres glorieux » qui entourent le trône divin. C'est l'objectif du décret de vous aider à vous transformer en une créature divine, en quelqu'un qui ne fait qu'un avec la Présence JE SUIS.

La transfiguration vécue par Jésus est une transformation temporaire qui précède l'ascension, l'union permanente avec le JE SUIS CELUI QUE JE SUIS. La lumière de la transfiguration crée une passerelle entre la matière et l'esprit. Chaque fois que vous récitez ce décret, vous imaginez que vous absorbez de plus en plus de lumière divine et que vous vous rapprochez du moment de votre propre transfiguration.

Pendant que vous répétez le décret, voyez un grand vêtement blanc se déployer au-dessus de vous comme symbole de votre transformation. Songez à quelque chose que vous n'aimez pas de vous-même et observez les rayons de cette lumière blanche, éclatante et dynamique qui le réduisent à néant.

Voyez la lumière descendre dans votre cœur tandis que la lumière de votre triple flamme grossit et devient si brillante qu'elle ressemble à un soleil. Au moment où vous dites « JE SUIS brillant comme le soleil », observez cette lumière qui grossit et dont l'éclat augmente à chaque instant. Elle devient d'ailleurs tellement brillante qu'il vous est difficile de la contempler.

Imaginez ensuite que vous pénétrez au cœur du soleil, et que vous vous prosternez devant votre Moi christique, puis ne devenez qu'un avec lui.

Plus vous réciterez ce décret, plus vous vous rapprocherez du jour où, à l'image de Jésus, vous brillerez comme le soleil, le soleil de votre propre Dieu Père-Mère.

L'histoire de Johanne

Il y avait quelques mois que Johanne avait commencé à réciter des décrets à sa Présence JE SUIS lorsqu'elle vécut une expérience d'union avec son Moi christique. Elle était assise sur un canapé dans la salle de séjour et regardait la télévision avec ses enfants lorsqu'elle se vit soudain entourée de lumière violette. Elle se leva et se dirigea vers le miroir suspendu au-dessus du foyer.

Lorsqu'elle y posa les yeux, le miroir lui refléta la même lumière brillante mais, en lieu et place de son propre visage, c'est le visage de son Moi christique qui lui apparut.

« Les mots ne peuvent rendre la beauté et l'aspect sacré de cette expérience », affirme Johanne. Le visage, au teint doré, était magnifique et il rayonnait de façon indescriptible.

Pendant l'expérience elle-même, elle avait l'impression qu'aucun mal n'aurait pu l'atteindre tant qu'elle était enveloppée de cette lumière. Après quelque temps, elle sentit son Moi christique regagner un plan supérieur de conscience.

Cette expérience qui lui a procuré sécurité, protection et bonheur, Johanne croit qu'elle est un avant-goût de ce qui l'attend lorsqu'elle vivra en état d'union permanente avec son Moi christique. Elle est convaincue que ceci peut arriver à tout le monde. « Ce qui est vrai pour quelqu'un peut l'être pour tous », conclut-elle.

Lorsque vous commencerez à réciter les décrets, vous vivrez peut-être vous aussi une expérience de communion, de rapprochement avec votre Présence JE SUIS avec votre Moi christique.

L'ÉVEIL
À VOTRE NATURE DIVINE

RÉSURRECTION

JE SUIS la flamme de résurrection
Brillante de lumière divine.
Le JE SUIS qui élève l'atome,
De toute ombre JE SUIS libre.

JE SUIS lumière et Présence de Dieu
JE SUIS libre à jamais.
La flamme de la vie éternelle
S'élève vers la victoire.

Le mot *résurrection* nous fait généralement penser au retour du Christ à la vie après sa crucifixion, ou encore, au retour à la vie à la fin des temps, comme l'espèrent tous les chrétiens. Mais la résurrection ne signifie pas nécessairement le retour du corps physique à la vie après la mort.

Certains termes grecs du Nouveau Testament qui furent traduits par le mot « résurrection » signifient aussi « éveil ». Dans une perspective mystique, la résurrection peut signifier le passage de votre âme d'un état de mort ou de sommeil spirituels à un état d'éveil et de vie spirituels.

La résurrection est l'éveil de l'âme à sa nature divine. Une simple prise de conscience spirituelle ne suffit pas pour que vous réalisiez que vous êtes Dieu ; il vous faut ensuite affirmer et manifester votre divinité dans chaque parcelle de votre être physique et spirituel. Quand vous vous éveillez à la vérité de votre nature divine, vous commencez à redevenir l'être divin que vous étiez au moment de la création.

L'écrit gnostique *Traité sur la résurrection* nous apprend que « … la résurrection … est la révélation de ce qui est, la transformation des choses et une étape de transition vers la nouveauté. Ceux qui passent par la résurrection « reçoivent de nouveau ce qui fut à l'origine. »[20] Quand vous serez ressuscité, vous ne connaîtrez donc pas seulement votre nature divine, mais vous retrouverez aussi le pouvoir que vous possédiez au moment de la création, lorsque vous ne faisiez qu'un avec votre Présence JE SUIS.

Comme pour les autres étapes qui mènent à l'union avec Dieu, on parvient à la résurrection de façon progressive, par paliers. Chaque fois que vous récitez le décret *Résurrection,* la flamme de la résurrection envahit tout votre être. C'est là une forme d'énergie spirituelle régénératrice tout à fait unique.

Si vous invoquez régulièrement la flamme de la résurrection, elle ouvrira graduellement vos centres d'énergie spirituels ou chakras pour que vous receviez plus de lumière, et particulièrement la lumière de l'ascension.

Même si la flamme de la résurrection peut aussi avoir des effets bénéfiques pour le corps, elle n'empêche pas nécessairement les gens de mourir. Sa fonction principale consiste à préparer l'âme à la vie éternelle, soit l'union avec Dieu.

Jésus a dit : « Je suis la résurrection. Qui croit en moi, même s'il meurt, vivra ; quiconque vit et croit en moi ne mourra jamais. »[21]

Lorsque nous reprenons les paroles de Jésus en disant « JE SUIS la résurrection et la vie » ou lorsque nous récitons d'autres décrets à la flamme de la résurrection, nous nous rappelons en réalité que nous ne faisons et ne ferons toujours qu'un avec la Présence JE SUIS. Par conséquent, comme Jésus nous l'a promis, même si nous mourons, nous vivrons éternellement, notre âme continuera de vivre quand bien même notre corps sera devenu poussière.

L'action de la flamme de la résurrection sur les cellules de votre corps

Tout comme la flamme de la résurrection transforme votre âme, elle peut aussi redonner de l'énergie à votre corps. Quand vous invoquez la flamme de la résurrection, elle s'infiltre dans les cellules de votre corps, commence à travailler dans le noyau des cellules et finit par imprégner toutes les parties de votre corps, ainsi que votre esprit et vos émotions.

Certains prétendent que faire appel à la flamme de la résurrection, d'après leurs propres constatations, annulerait les effets du vieillissement et de la maladie. D'autres se trouvent libérés de fausses croyances envers eux-mêmes qui les maintenaient dans une certaine forme de prison et retrouvent soudain l'énergie et les compétences nécessaires à l'accomplissement de ce qu'ils ont toujours voulu faire.

Mark Prophet a décrit en ces termes les bienfaits physiques, mentaux et spirituels qui découlent de l'utilisation de la flamme de la résurrection : « J'ai remarqué que des tas de choses se produisent lorsque j'utilise la flamme de la résurrection. Je me sens habituellement plus fort physiquement. Si je ressentais une certaine fatigue cérébrale, je m'aperçois que mon esprit devient plus clair. Je remarque aussi que je ressens un certain bien-être, que je me sens plus à l'aise dans l'univers et que j'ai le sentiment d'être immortel. »

L'invocation de la flamme de la résurrection pourra aussi vous faire prendre conscience de votre immortalité, tout en revitalisant votre corps et votre âme.

Visualisations pour le décret de la résurrection

Pendant que vous invoquez la flamme de la résurrection, visualisez une flamme de couleur nacre qui tournoie en émettant une lumière d'un blanc laiteux teintée de rose et d'or, traversée de temps à autre par un éclair bleu en son centre. Voyez-la entourer chaque cellule et chaque atome de votre corps, elle les enveloppe et en accélère le mouvement pour qu'ils se mettent à tournoyer plus rapidement. Voyez la flamme qui transforme votre esprit et vos émotions, en plus de transformer aussi votre âme.

Quand la récitation de décrets de la résurrection deviendra un rituel quotidien, vous constaterez une accélération des vibrations de tout votre être. Vous constaterez aussi que les centres spirituels situés au sommet de la tête et au centre du front commencent à s'ouvrir, comme les fleurs au petit matin.

ASCENSION QUOTIDIENNE

ASCENSION

JE SUIS flamme ascendante,
La victoire acquise,
Tout le bien est conquis
Pour toute l'éternité.

JE SUIS lumière diaphane
Dans les airs je m'élève
Sur tous, je verse par la force de Dieu
Mon pur chant de louange.

Voici ! JE SUIS le Christ vivant,
Qui aime éternellement
Ascensionné et tout-puissant
JE SUIS comme le soleil !

Lors de votre ascension, votre âme accélère sa montée jusqu'à entrer en union permanente avec votre Présence JE SUIS. Parfois, comme dans le cas de Jésus-Christ, le corps physique peut aussi connaître l'ascension. Si vous étiez dans votre corps au moment de votre ascension, vous donneriez l'impression de disparaître dans une nuée, comme la Bible nous le rapporte dans le cas de l'ascension de Jésus. Tous les atomes et les molécules de votre corps commenceraient à vibrer à des fréquences imperceptibles à l'œil humain et vous disparaîtriez tout simplement.

Mais la plupart des gens ne connaissent pas l'ascension de leur vivant. S'ils ont rempli toutes les conditions nécessaires à leur ascension, ils en font l'expérience peu de temps après leur décès.

L'ascension est la seule façon d'éviter de se réincarner sur terre, c'est-à-dire d'avoir à revivre dans un nouveau corps après la mort. Lors de l'ascension, vous quittez la dimension espace-temps pour entrer dans l'éternité. Ce n'est pas une fin mais un nouveau départ, car, après l'ascension, vous avez la liberté de voyager dans d'autres dimensions et de créer, d'apprendre et d'aimer comme jamais auparavant.

Pour connaître l'ascension à la fin de votre vie, vous devez avoir équilibré plus de la moitié de votre karma, soit au moins cinquante et un pour cent. Votre âme doit aussi avoir rempli sa mission et s'être unie totalement à son Moi christique.

Après votre ascension, vous devenez un Maître Ascensionné. De nombreuses autres personnes que Jésus, saints bien connus ou humbles serviteurs de l'humanité, ont connu l'ascension au cours des deux mille ans passés.

J'avais dix-huit ans quand j'ai réalisé pour la première fois que l'ascension est le but de l'existence ; j'étais debout sur les marches de l'église de la de la Science chrétienne de Red Bank au New Jersey, où j'habitais.

Depuis l'âge de neuf ans, j'étudiais ses enseignements. Comme la plupart des églises chrétiennes, celle-ci enseigne que Jésus est le seul être qui ait connu l'ascension. Mais ce que je vais vous raconter m'a fait comprendre que tout le monde est destiné à vivre cette expérience, même si je ne savais alors pas trop comment cela pouvait se réaliser.

Par un magnifique dimanche matin, alors que je vivais dans l'allégresse de Dieu, j'ai senti soudain une énergie et un feu sacré descendre en moi. Mon coeur a ressenti une joie encore plus grande. Spontanément et sans même comprendre ce que je disais, je me suis exclamée : « Mais oui, je dois accomplir mon ascension pendant cette vie ! » Je venais de le comprendre d'instinct et j'en étais abasourdie !

Après avoir entendu ce que je venais de dire, je me suis mise à penser : « Que signifie tout cela ? » J'ignorais ce que signifiait pour moi l'ascension ou comment elle allait se produire, mais j'en étais là.

C'est plus tard que j'ai réalisé que l'ascension consistait à devenir un avec Dieu et que l'ascension de Jésus telle qu'elle est décrite dans les Évangiles était comme l'avant-première d'une expérience spirituelle destinée à tous les fils et filles de Dieu.

Je fus remplie de joie quand je compris que c'est le but de la vie de devenir libre et de ne faire qu'un avec Dieu. Aucun de mes professeurs ne m'avait appris cela ou ne m'avait laissé entendre que l'ascension était l'objectif ultime.

Quelques années plus tard, alors que j'étudiais les enseignements des Maîtres Ascensionnés Saint-Germain et Jésus-Christ, j'ai compris que c'était l'archange Gabriel qui m'avait parlé ce jour-là sur les marches de l'église.

C'est l'archange Gabriel qui a annoncé la naissance de Jésus à sa mère et qui a transmis le Coran à Mahomet ; c'est aussi lui qui annonce l'ascension à chaque âme. Il se manifeste par une lumière blanche éclatante à toute personne pour qui l'ascension est possible. Il proclame alors que « Dieu a décrété que vous pouvez faire votre ascension dans cette vie, que vous pouvez vous unir à lui, et ne jamais plus vous réincarner. »

Si vous pensez avoir vécu ce genre d'expérience au niveau de l'âme ou si vous croyez tout simplement que vous êtes destiné à connaître l'ascension de votre vivant, mettez-vous en route immédiatement. Imaginez que votre vie est une spirale ascendante et que vous marchez dans cette spirale. Au sommet de cette spirale, dans bien des années à venir, voyez le symbole de l'infini, en forme de huit. Il représente l'accomplissement de votre vie, soit l'ascension.

Formulez la résolution suivante : « C'est exactement là que je veux me rendre. Je vais me propulser dans la conscience de Dieu et y demeurer pour m'unir à la flamme vivante et connaître la vie éternelle. »

Les Maîtres Ascensionnés nous ont dit que la récitation quotidienne de tous les décrets *Coeur, Tête et Main,* y compris celui de l'ascension, nous aidera à atteindre l'ascension dans cette vie, pour autant que nous ayons satisfait à toutes les autres conditions.

Visualisations pour l'ascension

La flamme de l'ascension est une énergie blanche, brillante et scintillante. Pendant que vous récitez le décret de l'ascension, imaginez que vous baignez dans la lumière blanche et que vous montez un escalier en spirale. Voyez la lumière blanche de la flamme de l'ascension jaillir de votre être ; elle vous soulève à chaque pas jusqu'à ce que vous ayez atteint le sommet. Chaque fois que vous faites cette visualisation, vous vous préparez à faire votre véritable ascension. Et un jour, vous serez réellement au sommet de l'escalier et la flamme de l'ascension accélèrera les vibrations de votre cœur et de votre âme jusqu'à ce que vous deveniez tout à fait indestructible, un fils ou une fille de Dieu.

Approchez-vous de Dieu et il s'approchera de vous.
Jacques 4:8

DÉCRETS COEUR, TÊTE ET MAIN

par El Morya

Flamme violette

COEUR

Feu violet, amour divin,
Flamboie au sein de mon cœur !
Toi compassion toujours vraie,
Garde-moi en harmonie. (3x)

TÊTE

JE SUIS lumière, Christ en moi,
Viens, libère mon esprit ;
Feu violet brille à jamais
Tout au fond de mon esprit.

Dieu qui me donne mon pain,
Feu violet remplis ma tête,
Pour que ton éclat céleste
Rende mon esprit lumière. (3x)

MAIN

JE SUIS la main de Dieu en action
Qui chaque jour gagne la victoire ;
Le bonheur suprême de l'âme
Est le chemin du milieu. (3x)

TUBE DE LUMIÈRE

Bien-aimée Présence JE SUIS,
Scelle-moi du tube de lumière,
Flamme des Maîtres Ascensionnés
Invoquée au nom de Dieu.
Garde mon temple toujours libre
De toute discorde projetée.

JE SUIS, j'invoque le feu violet
Pour qu'il transmue tout désir.
Au nom de la liberté,
JE SUIS uni à la flamme violette. (3X)

PARDON

JE SUIS le pardon en action
Rejetant la peur, le doute,
Rendant libres tous les hommes
Avec les ailes de la victoire.

JE SUIS, j'appelle avec puissance
Le pardon à chaque instant ;
Sur toute vie et en tout lieu
Je répands grâce et pardon. (3x)

ABONDANCE

JE SUIS libre de toute peur,
Chassant besoin et misère
Sachant que toute abondance
Vient toujours du plan céleste.

JE SUIS la grande fortune de Dieu
Versant trésors et lumière,
Recevant toute abondance
Pour combler tous les besoins. (3x)

PERFECTION

JE SUIS la vie régie par Dieu,
Brille en moi ta vérité.
Concentre la perfection de Dieu,
De toute discorde, libère-moi.

Maintiens-moi à jamais ancré
Dans la justice de ton plan –
JE SUIS la présence de perfection
Vivant la vie de Dieu en l'homme ! (3x)

TRANSFIGURATION

JE SUIS, je change de vêtements
Les anciens pour les nouveaux ;
À la lumière de la conscience
Je rayonne sur le sentier.

JE SUIS lumière intérieure
JE SUIS lumière qui m'entoure
Viens, libère et glorifie-moi
Scelle-moi, guéris, purifie-moi!
Jusqu'à ce qu'on me dise transfiguré :
JE SUIS radieux comme le Fils,
Je rayonne comme le soleil ! (3x)

RÉSURRECTION

JE SUIS la flamme de résurrection
Brillante de lumière divine.
Le JE SUIS qui élève l'atome,
De toute ombre JE SUIS libre.

JE SUIS lumière et Présence de Dieu
JE SUIS libre à jamais.
La flamme de la vie éternelle
S'élève vers la victoire. (3x)

ASCENSION

JE SUIS flamme ascendante,
La victoire acquise,
Tout le bien est conquis
Pour toute l'éternité.

JE SUIS lumière diaphane
Dans les airs je m'élève
Sur tous, je verse par la force de Dieu
Mon pur chant de louange.

Voici ! JE SUIS le Christ vivant,
Qui aime éternellement
Ascensionné et tout-puissant
JE SUIS comme le soleil ! (3x)

NOTES

1. *Le livre tibétain des morts.* Traduction de Valdo Secretan, Albin Michel, 1981, Paris, p. 126.
2. H.P. Blavatsky. *Collected Writings 1889-1890,* vol. 12. Theosophical Publishing House, 1980, Wheaton, Illinois, É.-U., p. 531.
3. Ralph Waldo Emerson. « The Over-Soul », in *Self-Reliance : The Wisdom of Ralph Waldo Emerson as Inspiration for Daily Living,* recueil publié sous la direction de Richard Whelan, Crown Publishers, New York, 1991, p. 60.
4. Howard Thurman, *Disciplines of the Spirit* ; cité dans *American Mysticism : From William James to Zen,* recueil publié sous la direction de Hal Bridges, CSA Press, Lakemont, Georgie, E.-U., 1970, p. 54.
5. Jean 1:9. Toutes les citations bibliques du présent ouvrage sont tirées de l'édition française de la Bible de Jérusalem.
6. Clément d'Alexandrie. Exhortation aux Grecs, 10, cité par David Fideler, *Jesus Christ, Sun of God : Ancient Cosmology and Early Christian Symbolism,* Theosophical Publishing House, Quest Books, 1993, Wheaton, Illinois, É.-U., p. 42.
7. Romains 8:19.
8. I Corinthiens 11:24.

9. Ralph Waldo Emerson, « Trancendentalism » in *Ralph Waldo Emerson on Man and God : Thoughts Collected from the Essays and Journals*, Peter Pauper Press, 1961, Mount Vernon, N.Y., É.-U., p. 11.
10. Ibid, p. 12.
11. Hermès Trismégiste. « Table d'émeraude », cité par David Fideler, *Jesus Christ, Sun of God :...*, p. 233.
12. Siméon le Nouveau Théologien. Cité par Sergius Bolshakoff, *Russian Mystics*, Cistercian Publications, 1980, Kalamazoo, Michigan, E.-U., p. 35-36.
13. Chandogya Upanishad, 3.13,14. Cité par Kathleen Healy, *Entering The Cave of the heart : Eastern Ways of Prayer for Western Christians*, Paulist Press, 1986, New York, p. 102.
14. Ecclésiaste 12:6.
15. Ralph Waldo Emerson. « The Over-Soul », in *Self-Reliance :...*, p. 68-69.
16. Psaumes 91:1,5.
17. Dr Scott Peck. *Plus loin sur le chemin le moins fréquenté*, Robert Laffont, 1995, Paris, p. 44.
18. II Corinthiens 5:1,2.
19. Livre d'Énoch, 22:8,10. Cité dans *The Old Testament Pseudepigrapha*, ouvrage publié sous la direction de James H. Charlesworth, Doubleday, 1983, Garden City, N.Y., É-U., 1:139.

20. *Traité sur la résurrection,* 48:31, 34-38 ; 49 : 35-36. Cité dans T*he Nag Hammadi Library in English,* 3e édition révisée, publiée sous la direction de James M. Robinson, Harper and Row, 1988, San Francisco, p.56.
21. Jean 11:25-26

TABLE DES MATIÈRES

ELIZABETH CLARE PROPHET

Pionnière de la spiritualité moderne. Dans ce domaine, elle a écrit des classiques comme *La Réincarnation, Les années perdues de Jésus, Les Maîtres des Sept Rayons, Le disciple et le sentier* et dans la série des guides pratiques de spiritualité *Comment travailler avec les anges, La flamme violette, L'Alchimie du coeur* et plusieurs autres.

Depuis les années soixante, Mme Prophet a donné des conférences aux États-Unis et dans le monde entier sur des sujets d'ordre spirituel comme les anges, l'aura, les âmes soeurs, les prophéties, la psycho-spiritualité, la réincarnation et les voies mystiques des religions du monde.

AUTRES PUBLICATIONS EN FRANÇAIS

Comment travailler avec les anges
La flamme violette
L'abondance créatrice
Le pouvoir remarquable des décrets
Âmes soeurs et flammes jumelles
L'alchimie du coeur
La réincarnation / Le chaînon manquant du christianisme
Les maîtres des sept rayons
Le disciple et le sentier
Les années perdues de Jésus

Disque compact :
Sauvons le monde avec la flamme violette

Affiche :
La Représentation de votre Moi divin

POUR TOUT RENSEIGNEMENT
EN ANGLAIS,
ÉCRIRE OU TÉLÉPHONER À :
THE SUMMIT LIGHTHOUSE
P.O. Box 5000, Gardiner, MT 59030 U.S.A.
Tél. : 406-848-9500
Télécopieur : 406-848-9555
Courriel : tslinfo@tsl.org
Site web : http://www.tsl.org

POUR TOUT RENSEIGNEMENT
EN FRANÇAIS,
ÉCRIRE OU TÉLÉPHONER À :
Centre d'enseignement de Montréal
LE PHARE DU SOMMET
C.P. 244, Succursale R, Montréal, Québec
Canada H2J 2Z5
Tél. : 514-273-4799
(Lumière d'El Morya : 514-523-9926)
Le site web en français : http://www.tsl.org

AU QUÉBEC,
IL Y A QUATRE CENTRES SPIRITUELS
AFFILIÉS À

THE SUMMIT LIGHTHOUSE
LE PHARE DU SOMMET

MONTRÉAL

QUÉBEC

GATINEAU/OTTAWA

RIVIÈRE-DU-LOUP

Pour tout renseignement, téléphoner au
514-523-9926